Reading Yoon Dong-ju in English
동주, 영어로 만나다

- 윤동주, 한국어를 가장 아름답게 쓴 시인 -

Reading Yoon Dong-ju in English

동주, 영어로 만나다

- 윤동주, 한국어를 가장 아름답게 쓴 시인

초판 1쇄 발행 2025년 4월 23일
초판 2쇄 발행 2025년 6월 23일

지 은 이 | 윤동주 지음 / 현장원 역
펴 낸 곳 | 브롬북스(BromBooks)
출판등록 | 출판등록 : 제2019-000252호
주　　소 | 서울시 강남구 봉은사로 317, 3층
전　　화 | 070-7563-7775
이 메 일 | brombooks07@gmail.com
홈페이지 | www.jeffstudy.com

저작권자 | ⓒ 2025. 현장원

이 책의 저작권은 저자에게 있습니다. 서면에 의한 저자와 출판사의 허락 없이
내용의 일부 혹은 전부를 인용 및 복제하거나 발췌하는 것을 금합니다.

책값은 뒤표지에 있습니다.
잘못 만든 책은 구입하신 서점에서 교환해 드립니다.

ISBN : 979-11-988001-9-0(03810) ,브롬북스 도서번호 L000297

Reading Yoon Dong-ju in English

동주, 영어로 만나다

– 윤동주, 한국어를 가장 아름답게 쓴 시인 –

윤동주 지음
현장원 옮김

BromBooks
브롬북스

독자의 미래를 바꾸는 책을 만듭니다.

Yoon Dong-ju, the poet who wrote most beautifully in Korean
한국어를 가장 잘 아름답게 쓴 시인, 윤동주

*"I highly recommend this book
not only to English learners who wish to appreciate
Yun Dong-ju's poetry through translation,
but also to all those who want to experience
the beauty of the Korean language."*

윤동주의 시를 번역을 통해 감상하고 싶은
영어 학습자에게는 물론,
한국어의 아름다움을 경험하고 싶은 모든 분들께
이 책을 추천합니다.

별 하나에 추억과
별 하나에 사랑과
별 하나에 쓸쓸함과
별 하나에 동경과
별 하나에 시와

별 하나에 어머니, 어머니,

---

one star holds a memory,
one star holds love,
one star holds loneliness,
one star holds longing,
one star holds a poem,

one star holds my mother, Mother.

"아아 젊음은 오래 거기 남아 있거라."

"Ah, may youth stay there for a long time."

들어가며

한국어를 가장 아름답게 쓴 시인은 누구일까?
이 질문에 대한 내 답은 이미 정해져 있다.

윤동주.

 만약 노벨 문학상을 받을 한국의 시인을 뽑아야 한다면, 나는 망설임 없이 윤동주를 선택할 것이다. 그의 시는 시대를 초월해 여전히 우리의 마음에 깊은 울림과 감동을 주는 메시지를 전달한다.

 윤동주 시의 가장 큰 특징이자 매력은 화려한 수사가 없는 담백함이다. 본 책의 번역에서도 그의 시의 본래 느낌을 해치지 않으려 부단히 노력했다. 가능한 한 쉽고 일상적인 영어 단어를 우선 사용하려 노력했으며, 부득이한 경우 영어로 옮기기 어려운 표현들은 최대한 비슷한 뉘앙스를 가진 영어 표현으로 대체했다.

이 책을 통해 영어를 배우는 이들에게 윤동주의 시를 영어로 감상하는 새로운 경험을 선사하고, 한국어를 배우는 이들에게는 한글의 미를 온전히 느낄 기회를 제공할 것이다.

　윤동주가 별을 바라보며 노래한 그 마음을 따라, 하나하나 시를 음미해 보자. 그의 시 속에서 우리는 삶을 살아가는 용기와 아름다움, 그리고 우리가 어떻게 살아가야 할지에 대한 깊은 성찰을 할 수 있다.

　그의 시에서 노래했듯, 우리의 마음속에도 별이 존재한다고 믿는다. 그 별을 바라보며 그 빛을 따라가면, 우리가 살아가는 매 순간이 얼마나 소중하고 의미 있는 것인지 깨닫게 될 것이다.

　우리 모두 별을 노래하는 마음으로 소중한 인생을 살아가기를 바란다. 오늘 밤, 잠시 밖에 나가 별을 봐보자.

　당신은 별 하나에 무엇이, 혹은 누가 떠오르는가?

옮긴이 현장원 드림

시인 윤동주 소개

 윤동주(尹東柱, 1917년 12월 30일 ~ 1945년 2월 16일)는 일제강점기 조선의 대표적인 저항 시인이자 독립운동가이다. 그의 시는 맑고 순수한 언어로 민족의 아픔을 담아내며, 깊은 자기 성찰과 신앙적 요소를 포함하고 있다.

 1917년 중국 지린성 용정에서 태어난 윤동주는 어린 시절부터 문학에 관심을 가졌고, 연희전문학교(현 연세대학교)에서 영문학을 전공했다. 1942년 일본 교토 도시샤대학으로 유학을 떠났으나, 이듬해 독립운동 혐의로 체포되어 후쿠오카 형무소에서 옥사했다.

그의 유고 시집《하늘과 바람과 별과 시》(1948)에는 〈서시〉, 〈별 헤는 밤〉, 〈자화상〉 등 대표작이 수록되어 있다.

윤동주의 시는 단순한 저항을 넘어 깊은 반성과 이상을 담고 있으며, 지금도 많은 이들에게 감동과 영감을 주고 있다.

현재 서울 윤동주 문학관, 중국 용정의 생가, 연세대학교 윤동주 기념관 등이 그의 업적을 기리고 있다.

윤동주, 시대의 거울이자 조용한 울림

 시대가 어두울수록 시는 더욱 밝게 빛나야 하는 것일까, 아니면 그 어둠 속에서 함께 아파해야 하는 것일까?

 윤동주의 시는 이 두 가지 사이 그 어딘가에 위치한다. 그는 투쟁을 외치거나 적극적으로 저항하지 않는다. 하지만, 그의 시는 깊은 고뇌가 담긴 시대의 거울 역할을 하고 있으며, 시대의 아픔이 고스란히 스며 있다.

 윤동주 시의 가장 두드러지는 또다른 특징은 바로 자기 성찰이다. 그는 끊임없이 자신을 돌아보고 반성하며, 바른길을 찾기 위해 고민했다. '죽는 날까지 하늘을 우러러 한 점 부끄럼이 없기를'이라고 노래한 것은 단순한 바람이 아니라, 삶의 태도에 대한 치열한 다짐으로 느껴진다.

그의 시를 읽다 보면 마치 거울을 통해 나 자신을 들여다보는 듯한 기분도 든다. 우리도 스스로에게 묻게 된다. '나는 지금 어떤 삶을 살고 있는가? 먼 훗날 돌아보았을 때 후회 없는 삶, 부끄럼 없는 삶을 살고 있는가?'

윤동주의 시는 조용하다. 하지만 그 조용함 속에 담긴 울림은 점점 시간이 흐를수록 더 크고 깊어지며, 앞으로도 우리에게 깊은 감동을 줄 것이다.

차 례

- 들어가며 · 8

- 시인 윤동주 소개 · 10

- 윤동주, 시대의 거울이자 조용한 울림 · 12

- 차례 · 14

서시 · 20

사랑스런 추억 · 22

별 헤는 밤 · 26

새벽이 올 때까지 · 34

자화상 · 36

쉽게 씌어진 시 · 40

또 다른 고향 · 44

새로운 길 · 48

소년 · 50

편지 · 52

황혼이 바다가 되어 · 54

사랑의 전당 · 56

길 · 60

참회록 · 64

반디불 · 68

아우의 인상화 · 70

흰 그림자 · 72

태초의 아침 · 76

바람이 불어 · 78

봄 · 80

또 태초의 아침 · 82

눈 오는 지도 · 84

눈 감고 간다 · 88

무서운 시간 · 90

흐르는 거리 · 92

굴뚝 · 96

초한대 · 98

간판없는 거리 · 100

달밤 · 104

돌아와 보는 밤 · 106

오줌싸개 지도 · 108

황혼 · 110

병원 · 112

위로 · 116

산울림 · 118

밤 · 120

유언 · 122

팔복 · 124

산골물 · 126

간 · 128

- 윤동주 시의 이해 · 131

- 에필로그 · 152

동주, 영어로 만나다

Reading Yoon Dong-ju in English

서 시

죽는 날까지 하늘을 우러러
한 점 부끄럼이 없기를,
잎새에 이는 바람에도
나는 괴로워했다.
별을 노래하는 마음으로
모든 죽어가는 것을 사랑해야지.
그리고 나한테 주어진 길을
걸어가야겠다.

오늘 밤에도 별이 바람에 스치운다.

Prelude

Until the day I die,
I wish to gaze at the sky
with no trace of shame.
Even the wind rustling the leaves
has brought me pain.
With a heart that sings of the stars,
I shall love all things destined to fade away.
And I must walk the path given to me.

Tonight, once again,
the stars are brushed by the wind.

Vocabulary

gaze at: 응시하다   trace: 자취, 흔적   rustle: 바스락 거리다
brush: 솔질(비질)하다

사랑스런 추억(追憶)

봄이 오던 아침, 서울 어느 쪼그만 정거장(停車場)에서
희망(希望)과 사랑처럼 기차(汽車)를 기다려,

나는 플랫폼에 간신한 그림자를 떨어뜨리고,
담배를 피웠다.

내 그림자는 담배연기 그림자를 날리고
비둘기 한떼가 부끄러울 것도 없이
나래 속을 속, 속, 햇빛에 비춰, 날았다.
기차(汽車)는 아무 새로운 소식도 없이
나를 멀리 실어다 주어,

봄은 다 가고—동경교외(東京郊外) 어느 조용한 하숙방(下宿房)에서, 옛거리에 남은 나를 희망(希望)과 사랑처럼 그리워한다.

오늘도 기차(汽車)는 몇 번이나 무의미(無意味)하게 지나가고,

오늘도 나는 누구를 기다려 정거장(停車場) 가까운 언덕에서 서성거릴게다.

—아아 젊음은 오래 거기 남아 있거라.

Loving Memories

One spring morning, at a small station in Seoul,
I waited for the train, just as I had waited for hope and love.
I cast a frail and weary shadow onto the platform and smoked a cigarette.

My shadow drifted with the rising smoke,
while a flock of doves, without shame,
soared freely through the air, their wings glistening in the sunlight.
The train, carrying no new tidings,
took me far away.

Vocabulary

faint: 희미한   frail: 연약한, 희미한   weary: 지친, 고단한   glisten: 반짝이다
tiding: 기별, 소식

Spring is nearly gone—
In a quiet boarding house on the outskirts of Tokyo,
I, left behind on this old street, long for myself,
just as I long for hope and love.

Today, the train keeps passing by, aimlessly.

Today, I will wander on a hill near the station,
waiting for someone.

—Ah, may youth stay there for a long, long time.

Vocabulary

outskirt: 교외, 변두리

별 헤는 밤

계절이 지나가는 하늘에는
가을로 가득 차 있습니다.

나는 아무 걱정도 없이
가을 속의 별들을 다 헬 듯합니다.

가슴 속에 하나 둘 새겨지는 별을
이제 다 못 헤는 것은
쉬이 아침이 오는 까닭이요
내일 밤이 남은 까닭이요
아직 나의 청춘이 다 하지 않은 까닭입니다.

별 하나에 추억과
별 하나에 사랑과
별 하나에 쓸쓸함과
별 하나에 동경과
별 하나에 시와
별 하나에 어머니, 어머니,

어머님, 나는 별 하나에 아름다운 말 한마디씩 불러 봅니다. 소학교 때 책상을 같이 헸던 아이늘의 이름과 패, 경, 옥, 이런 이국 소녀들의 이름과, 벌써 아기 어머니 된 계집애들의 이름과, 가난한 이웃 사람들의 이름과, 비둘기, 강아지, 토끼, 노새, 노루, '프랑시스 잠', '라이너 마리아 릴케' 이런 시인의 이름을 불러 봅니다.

이네들은 너무나 멀리 있습니다.
별이 아스라이 멀 듯이.

어머님,
그리고 당신은 멀리 북간도에 계십니다.

나는 무엇인지 그리워
이 많은 별빛이 내린 언덕 위에
내 이름자를 써 보고
흙으로 덮어 버리었습니다.

딴은 밤을 새워 우는 벌레는
부끄러운 이름을 슬퍼하는 까닭입니다.

그러나 겨울이 지나고 나의 별에도 봄이 오면
무덤 위에 파란 잔디가 피어나듯이
내 이름자 묻힌 언덕 우에도
자랑처럼 풀이 무성할거외다.

A Night of Counting Stars

*The sky, where seasons come and go,
is now filled with autumn.*

*Without any worries,
I feel I could count all the stars in this autumn night.*

*The reason I can no longer count the stars engraving themselves one by one in my heart is that morning comes too soon,
that tomorrow night still awaits,
and that my youth is not yet over.*

Vocabulary

engrave: 새기다

one star holds a memory,
one star holds love,
one star holds loneliness,
one star holds longing,
one star holds a poem,
one star holds my mother - Mother.

Mother, I call out a beautiful word for each star:
I call out the names of the children who once sat
beside me in elementary school,
the names of foreign girls—Pae, Kyung, Ok,
the names of girls who have now become mothers,
the names of my humble neighbors,
a dove, a puppy, a rabbit, a mule, a roe deer,
and poets—Francis Jammes, Rainer Maria Rilke.

Vocabulary

longing: 동경, 갈망 humble: 초라한, 가난한, 겸손한
mule: 노새 roe deer: 노루

They are all so far away,
like distant stars in the night sky.

Mother, you too are far away in North Manchuria.

I long for something.
On this hill, where so much starlight falls in abundance, I wrote my name—
then covered it with soil.

Perhaps the insects crying through the night
weep for their own shameful names.

But when winter passes and spring finally comes to
my star, like green grass sprouting over a grave,
on the hill where my name is buried,
the grass will grow thick, proudly.

Vocabulary

long for: 갈망하다 in abundance: 풍부하게 weep: 울다
sprout: 싹이 나다

새벽이 올 때까지

다들 죽어가는 사람들에게
검은 옷을 입히시오.

다들 살아가는 사람들에게
흰 옷을 입히시오.

그리고 한 침실(寢室)에
가지런히 잠을 재우시오

다들 울거들랑
젖을 먹이시오

이제 새벽이 오면
나팔소리 들려 올 게외다.

Until the Dawn Comes

*Clothe the dying
in black.*

*Clothe the living
in white.*

*Then let them rest
side by side,
in the same room.*

*If they weep,
give them milk.*

*When dawn breaks,
the sound of a trumpet
will echo through the air.*

Vocabulary

clothe: 옷을 입히다   rest: 쉬다

자화상

산모퉁이를 돌아 논 가 외딴 우물을 홀로 찾아가선
가만히 들여다 봅니다.

우물 속에는 달이 밝고 구름이 흐르고 하늘이 펼치고
파아란 바람이 불고 가을이 있습니다.

그리고 한 사나이가 있습니다.
어쩐지 그 사나이가 미워져 돌아 갑니다.

돌아가다 생각하니 그 사나이가 가엾어집니다.
도로 가 들여다 보니 사나이는 그대로 있습니다.

다시 그 사나이가 미워져 돌아 갑니다.
돌아가다 생각하니 그 사나이가 그리워집니다.

우물 속에는 달이 밝고 구름이 흐르며 하늘이 펼치고
파아란 바람이 불고 가을이 있고 추억처럼
사나이가 있습니다.

Self-Portrait

Turning around the mountain corner,
I walk alone to a secluded well in the open field
and gaze into it in silence.

Inside the well,
the moon shines brightly,
clouds drift by,
the sky stretches wide,
the blue wind blows,
and autumn lingers.

And there, a man appears.
For some reason, I feel a sudden resentment toward him and walk away.

Vocabulary

secluded: 한적한   linger: 머물다, 남다   resentment: 분함, 분개

As I walk away, I begin to feel pity for the man.
I turn back and look again—
he is still there.

Once more, I dislike the man and turn away.
As I walk away again, I begin to miss him.

Inside the well,
the moon shines brightly,
clouds drift by,
the sky stretches wide,
the blue wind blows,
autumn lingers,
and the man lingers, like a fading memory.

Vocabulary

pity: 연민, 동정, 불쌍히 여김

쉽게 씌어진 시

창밖에 밤비가 속살거려
육첩방(六疊房)은 남의 나라

시인이란 슬픈 천명(天命)인 줄 알면서도
한 줄 시를 적어 볼까

땀내와 사랑내 포근히 품긴
보내 주신 학비 봉투를 받아

대학 노-트를 끼고
늙은 교수의 강의 들으러 간다.

생각해 보면 어린 때 동무를
하나, 둘, 죄다 잃어버리고

나는 무얼 바라
나는 다만, 홀로 침전(沈澱)하는 것일까?

인생은 살기 어렵다는데
시가 이렇게 쉽게 씌어지는 것은
부끄러운 일이다.

육첩방은 남의 나라
창밖에 밤비가 속살거리는데

등불을 밝혀 어둠을 조금 내몰고
시대처럼 올 아침을 기다리는 최후의 나

나는 나에게 적은 손을 내밀어
눈물과 위안으로 잡는 최초의 악수.

A Poem Written Too Easily

The night rain whispers outside my window,
In this six-tatami room, in a foreign land.

Though I know well
that being a poet is a sorrowful fate,
should I try to write just a single line?

Holding the envelope of tuition fees,
filled with the scent of sweat and love,

I take my college notebook
and head to the lecture of an old professor.

Looking back,
one by one,
all my childhood friends have drifted away.

Vocabulary

sorrowful: 슬픈   scent: 향기, 향내   drift away: 가버리다

What do I wish for now?
Am I simply left to sink alone?

They say life is hard,
yet my poems come so easily.
What a shame that is.

In this six-tatami room, in a land not my own,
outside the window, the night rain whispers.

I, the last one, light a lamp,
gently pushing back the darkness,
waiting for the morning to come,
as if awaiting a new era.

I extend my humble hand to myself,
the first handshake, grasped with tears and solace.

Vocabulary

sink: 가라앉다   push back: 밀치다   grasp: 잡다   solace: 위안

또 다른 고향

고향에 돌아온 날 밤에
내 백골(白骨)이 따라와 한방에 누웠다.

어둔 방은 우주로 통하고
하늘에선가 소리처럼 바람이 불어 온다.

어둠 속에 곱게 풍화작용(風化作用)하는
백골을 들여다보며
눈물짓는 것이 내가 우는 것이냐
백골이 우는 것이냐
아름다운 혼이 우는 것이냐

지조 높은 개는
밤을 새워 어둠을 짖는다.
어둠을 짖는 개는
나를 쫓는 것일 게다.

가자 가자
쫓기우는 사람처럼 가자
백골 몰래
아름다운 또 다른 고향에 가자.

Another Homeland

The night I returned home,
my white bones followed me
and lay beside me in my room.

The dark room leads to the universe,
and from somewhere in the sky,
the wind blows, whispering like a sound.

In the darkness, the white bones slowly weather.
Gazing at them,
I wonder—
Am I the one shedding tears?
Or are the bones crying?
Or does a beautiful soul weep?

Vocabulary

lay: lie(눕다)의 과거형   weather: 햇빛(비바람)에 변하다
shed tears: 눈물을 흘리다

A solemn dog howls through the night at the darkness.
Perhaps it howls to drive me away.

Let us go, let us go, like those who are pursued.
In secret from the white bones,
let us go to another beautiful homeland.

Vocabulary

solemn: 근엄한　howl: (길게)울다　pursue: 추구하다 뒤쫓다

새로운 길

내를 건너서 숲으로
고개를 넘어서 마을로

어제도 가고 오늘도 갈
나의 길 새로운 길

민들레가 피고 까치가 날고
아가씨가 지나고 바람이 일고

나의 길은 언제나 새로운 길
오늘도..... 내일도.....

내를 건너서 숲으로
고개를 넘어서 마을로

A New Path

*Across the river, into the forest,
over the hill, to the village.*

*I went yesterday, and I'll go again today—
my path, a new path.*

*Dandelions bloom, magpies fly,
a young girl passes by, the wind whispers.*

*My path is always fresh and new,
today… and tomorrow…*

*Across the river, into the forest,
over the hill, to the village.*

소년

여기저기서 단풍잎 같은 슬픈 가을이 뚝뚝 떨어진다. 단풍잎 떨어져 나온 자리마다 봄을 마련해 놓고 나뭇가지 위에 하늘이 펼쳐 있다.

가만히 하늘을 들여다 보려면 눈썹에 파란 물감이 든다. 두 손으로 따뜻한 볼을 쓸어보면 손바닥에도 파란 물감이 묻어난다.

다시 손바닥을 들여다 본다. 손금에는 맑은 강물이 흐르고, 맑은 강물이 흐르고, 강물속에는 사랑처럼 슬픈 얼굴—아름다운 순이(順伊)의 얼굴이 어린다.

소년(少年)은 황홀히 눈을 감아 본다. 그래도 맑은 강물은 흘러 사랑처럼 슬픈 얼굴—아름다운 순이(順伊)의 얼굴은 어린다.

The Boy

*From here and there, like autumn leaves,
sorrowful autumn falls, leaf by leaf.
Wherever the autumn leaves have fallen,
spring begins its preparation.
And the sky spreads beyond the branches.*

*If I quietly try to gaze at the sky,
blue paint stains my eyebrows.
When I gently stroke my warm cheeks with both hands, blue paint stains my palms as well.*

*I look at my palms again.
In the lines of my hands, clear river water flows,
clear river water flows,
and in the river, a sorrowful face, like love—
the face of beautiful Sun-i appears.*

*The boy closes his eyes in rapture.
Yet still, the clear river flows,
and the sad face, like love—
the face of beautiful Sun-i appears.*

Vocabulary

preparation: 준비   stain: 얼룩지게 하다   rapture: 황홀(감)

편지

누나!
이 겨울에도
눈이 가득히 왔습니다.

흰 봉투에
눈을 한줌 넣고
글씨도 쓰지 말고
우표도 붙이지 말고
말쑥하게 그대로
편지를 부칠가요?

누나 가신 나라엔
눈이 아니 온다기에.

A Letter

Sister!
This winter,
the snow has fallen thick and white.

Shall I take a handful of snow
and place it in a white envelope,
without writing a word,
without affixing a stamp,
and send it neatly just as it is?

In the land where my sister went,
they say it doesn't snow.

Vocabulary

affix: 부착하다

황혼(黃昏)이 바다가 되어

하루도 검푸른 물결에
흐느적 잠기고……잠기고……

저— 웬 검은 고기떼가
물든 바다를 날아 횡단(橫斷)할고.

낙엽(落葉)이 된 해초(海草)
해초(海草)마다 슬프기도 하오.

서창(西窓)에 걸린 해말간 풍경화(風景畵).
옷고름 너어는 고아(孤兒)의 설움.

이제 첫 항해(航海)하는 마음을 먹고
방바닥에 나뒹구오……뒹구오……

황혼(黃昏)이 바다가 되어
오늘도 수(數)많은 배가
나와 함께 이 물결에 잠겼을게오.

The Twilight Becomes the Sea

The day slowly sinks
into the dark blue waves… sinks… sinks…

There— a school of black fish
flies across the stained sea.

The seaweed, like fallen leaves,
Each piece carries a touch of sadness.

A pale landscape painting hangs on the western window.
The sorrow of an orphan tying their garment strings.

Now, with the heart of a first voyage,
I tumble on the floor... tumble...

As twilight becomes the sea,
today, as always, countless boats
sink into these waves with me.

Vocabulary

stained: 물든, 얼룩이 묻은 garment: 의복, 옷 string: 끈
voyage: 항해 tumble: 굴러 떨어지다

사랑의 전당(殿堂)

순(順)아 너는 내 전(殿)에 언제 들어갔던 것이냐?
내사 언제 네 전(殿)에 들어갔던 것이냐?

우리들의 전당(殿堂)은
고풍(古風)한 풍습(風習)이 어린 사랑의 전당(殿堂)

순(順)아 암사슴처럼 수정(水晶)눈을 나려감어라.
난 사자처럼 엉크린 머리를 고루련다.
우리들의 사랑은 한낱 벙어리였다.

성(聖)스런 촛대에 열(熱)한 불이 꺼지기 전(前)
순(順)아 너는 앞문으로 내달려라.

어둠과 바람이 우리창(窓)에 부닥치기 전(前)
나는 영원(永遠)한 사랑을 안은 채
뒷문으로 멀리 사라지련다.

이제 네게는 삼림(森林)속의 아늑한 호수(湖水)가 있고
내게는 험준한 산맥(山脈)이 있다.

The Hall of Love

Soon, when did you step into my palace?
When did I ever enter yours?

Our great hall is an temple of love, filled with ancient traditions.

Soon, like a doe,
bring your crystal-clear eyes down.
I, like a lion, will untangle my tangled hair.
Our love was like that of the mute.

Vocabulary

untangle: 풀다   tangled: 헝클어진   the mute: 벙어리

Before the flame of the holy candle fades,
Soon, run through the front door.

Before the darkness and wind beat against our window,
I will disappear through the back door,
carrying eternal love with me.

Now you have a peaceful lake in the forest,
and I have a rugged mountain range.

(Vocabulary)

rugged: 험준한, 기복이 심한

길

잃어 버렸습니다.
무얼 어디다 잃었는지 몰라
두 손이 주머니를 더듬어
길게 나아갑니다.

돌과 돌과 돌이 끝없이 연달아
길은 돌담을 끼고 갑니다.

담은 쇠문을 굳게 닫아
길 위에 긴 그림자를 드리우고
길은 아침에서 저녁으로
저녁에서 아침으로 통했습니다.

돌담을 더듬어 눈물 짓다
쳐다보면 하늘은 부끄럽게 푸릅니다.

풀 한포기 없는 이 길을 걷는 것은
담 저쪽에 내가 남아 있는 까닭이고,

내가 사는 것은, 다만,
잃은 것을 찾는 까닭입니다.

The Road

I've lost something.
I don't know what it is or where I lost it,
but my hands fumble through my pockets,
moving forward slowly.

Stones, and stones, and stones, endlessly following
one another, the road stretches beside a stone wall.

The wall firmly shuts its iron gate,
casting a long shadow over the road.
The road runs from morning to evening,
then from evening to morning.

Vocabulary

fumble: 더듬거리다   one another: 서로

Touching the stone wall, shedding tears,
I look up, and the sky is embarrassingly blue.

Walking this path with not a single blade of grass
on it is because the reason is that I remain on the
other side of the wall.

Simply put, I live to search for what I have lost.

Vocabulary

embarrassing: 난처한, 쑥쓰러운, 부끄러운   blade of grass: 풀 한 포기

참 회 록

파란 녹이 낀 구리거울 속에
내 얼굴이 남아 있는 것은
어느 왕조(王朝)의 유물(遺物)이기에
이다지도 욕될까.

나는 나의 참회(懺悔)의 글을 한 줄에 줄이자.
---만 이십 사년 일 개월을 무슨 기쁨을 바라 살아 왔던가.

내일이나 모레나 그 어느 즐거운 날에
나는 또 한 줄의 참회록을 써야 한다.
---그때 그 젊은 나이에 왜 그런 부끄런 고백(告白)을 했던가.

밤이면 밤마다 나의 거울을
손바닥으로 발바닥으로 닦아 보자.

그러면 어느 운석(隕石) 밑으로 홀로 걸어가는
슬픈 사람의 뒷모양이
거울 속에 나타나온다.

True Confession

In the copper mirror, coated with blue rust,
the reflection of my face remains.
A relic from some forgotten dynasty,
and I wonder why this seem so disgraceful?

I shall write my confession in a single line:
---What joy have I ever sought, living for twenty-four years and one month?

Tomorrow, or the day after, or perhaps on some joyful day,
I will have to write another line of confession:
---Why did I make such a shameful confession at that young age?

Vocabulary

reflection: 반사   relic: 유물   disgraceful: 수치스러운, 부끄러운
confession: 자백, 고백

*Every night, I will wipe my mirror
with my palms and the soles of my feet.*

*Then, beneath a falling meteorite, the figure of a
sad person walking alone appears in the mirror.*

Vocabulary

sole: 발바닥   meteorite: 운석   figure: 사람(모습)

반디불

가자 가자 가자
숲으로 가자
달조각을 주으러
숲으로 가자.

----그믐밤 반디불은
----부서진 달조각,

가자 가자 가자
숲으로 가자
달조각을 주으려
숲으로 가자.

Fireflies

Come, Let's go, let's go, let's go,
into the forest,
to gather fragments of the moon.
Let's go into the forest.

On the Night of the New Moon, Fireflies,
the fireflies are like shattered pieces of the moon.

Let's go, let's go, let's go,
into the forest,
to gather pieces of the moon.
Let's go into the forest.

Vocabulary

fragment: 조각   crescent: 초승달 모양   moonlit: 달빛이 비치는
shattered: 산산이 부서진

아우의 인상화

붉은 이마에 싸늘한 달이 서리어
아우의 얼굴은 슬픈 그림이다.

발걸음을 멈추어
살그머니 애띤 손을 잡으며

'늬는 자라 무엇이 되려니'
'사람이 되지'
아우의 설은 진정코 설은 대답이다.

슬며시 잡았던 손을 놓고
아우의 얼굴을 다시 들여다 본다.

싸늘한 달이 붉은 이마에 젖어
아우의 얼굴은 슬픈 그림이다.

Portrait of My Younger Brother

On his flushed forehead, a cold moon settles,
and my younger brother's face resembles a sorrowful painting.

I stop walking, gently hold his small hand.

"What do you want to be when you grow up?"
"I want to be a person."
His words are innocent yet uncertain.

I slowly release his hand
and look at his face once more.

The cold moon seeps into his flushed forehead,
and my younger brother's face remains like a sorrowful painting.

Vocabulary

flushed: 빨간, 상기된   seep: 스미다

흰 그림자

황혼이 짙어지는 길모금에서
하로종일 시들은 귀를 가만히 기울이면
땅검의 옮겨지는 발자취소리,

발자취소리를 들을수 있도록
나는 총명했든가요.

이제 어리석게도 모든 것을 깨달은 다음
오래 마음 깊은 속에
괴로워하든 수많은 나를
하나, 둘 제고장으로 돌려보내면

거리모퉁이 어둠속으로
소리없이 사라지는 흰 그림자,

흰 그림자들
연연히 사랑하든 흰 그림자들,

내 모든 것을 돌려 보낸뒤
허전히 뒷골목을 돌아
황혼처럼 물드는 내방으로 돌아오면

신념이 깊은 으젓한 양처럼
하로종일 시름없이 풀포기나 뜯자.

White Shadow

At the street corner, where twilight deepens,
if I quietly listen with weary ears all day long,
I hear the sound of footsteps moving with the creeping dusk.

Was I ever wise enough to hear them?

Now, foolishly,
after finally understanding everything,
I send away, one by one,
the many versions of myself that have long suffered within me.

And in the corner of the street,
A white shadow silently fades into the darkness.

Vocabulary

deepen: 깊어지다   weary: 지친, 피곤한   creep: 살금살금 움직이다
dusk: 땅거미, 황혼   pale: 창백한, 옅은   vanish: 사라지다

White shadows,
those pale shadows that love endlessly.

After letting everything go,
I walk through the empty alley
and return to my room, stained with dusk.

And like a noble sheep with deep faith,
I spend the whole day, without a worry,
grazing on the grass.

Vocabulary

alley: 골목   stained: 얼룩이 묻은   noble: 고결한   graze: 풀을 뜯다

태초(太初)의 아침

봄날 아침도 아니고
여름, 가을, 겨울,
그런날 아침도 아닌 아침에

빨—간 꽃이 피어났네,
햇빛이 푸른데,

그 전(前)날 밤에
그 전(前)날 밤에
모든 것이 마련되었네,

사랑은 뱀과 함께
독(毒)은 어린 꽃과 함께.

The Morning of the Primordial Beginning

It is neither a spring morning,
nor a morning of summer, autumn, or winter -
just a morning unlike any other.

A red flower has bloomed,
though the sunlight was blue.

The night before,
the night before,
everything was set in place.

Love with the serpent,
poison with the budding flower.

Vocabulary

primordial: 태고의, 원시적인   neither A nor B: A도 B도 아니다
serpent: (특히나 큰)뱀   budding: 싹트기 시작하는

바람이 불어

바람이 어디로부터 불어 와
어디로 불려 가는 것일까

바람이 부는데
내 괴로움에는 이유가 없다.

내 괴로움에는 이유가 없을까

단 한 여자를 사랑한 일도 없다.
시대를 슬퍼한 일도 없다.

바람이 자꼬 부는데
내 발이 반석 우에 섰다.

강물이 자꼬 흐르는데
내 발이 언덕 우에 섰다.

The wind blows

Where does the wind come from,
and where is it carried away?

The wind blows,
yet my sorrow has no reason.

Does my sorrow truly have no reason?

I have never loved a single woman.
I have never grieved for an era.

The wind keeps blowing,
yet my feet stand firm on the rock.

The river keeps flowing,
yet my feet remain upon the hill.

Vocabulary

grieve: 비통해 하다   era: 시대

봄

봄이 혈관(血管)속에 시내처럼 흘러
돌, 돌, 시내 가까운 언덕에
개나리, 진달래, 노오란 배추꽃

삼동(三冬)을 참아온 나는
풀포기처럼 피어난다.

즐거운 종달새야
어느 이랑에서나 즐거웁게 솟쳐라.
푸르른 하늘은
아른아른 높기도 한데……

—아아 젊음은 오래 거기 남아 있거라.

Spring

Spring flows through my veins like a stream,
around the hills near the brook,
with forsythias, azaleas, and yellow cabbage flowers all in bloom.

After enduring the long winter, I now sprout like a blade of grass.

Joyful skylark,
Soar freely from every furrow.
The blue sky
shimmers, stretching endlessly above...

—Ah, youth, linger there for a long, long time.

Vocabulary

vein: 정맥   brook: 개울, 시내   forsythia: 개나리   azalea: 진달래
cabbage flower: 배추꽃   sprout: 싹이 나다   skylark: 종달새
soar: 솟구치다   furrow: 이랑   shimmer: 희미하게 빛나다   linger: 남다

또 태초(太初)의 아침

하얗게 눈이 덮이었고
전신주(電信柱)가 잉잉 울어
하나님 말씀이 들려온다.

무슨 계시(啓示)일까.

빨리
봄이 오면
죄(罪)를 짓고
눈이 밝어

이브가 해산(解産)하는 수고를 다하면
무화과(無花果) 잎사귀로 부끄런 데를 가리고
나는 이마에 땀을 흘려야겠다.

Another Morning of Creation

The snow has blanketed everything in white,
the telephone poles hum and buzz,
and God's voice reaches me.

What revelation is this?

Hurry—
when spring comes,
I shall sin,
and my eyes shall open to the truth.

After Eve endures the pain of childbirth,
I shall cover my shame with fig leaves,
and sweat from my brow.

Vocabulary

blanket: 뒤덮다   hum and buzz: 윙윙거리다   revelation: 계시
endure: 견디다   fig: 무화과

눈 오는 지도

순이(順伊)가 떠난다는 아침에 말 못할 마음으로 함박눈이 내려, 슬픈 것처럼 창 밖에 아득히 깔린 지도 위에 덮인다.

방 안을 돌아다 보아야 아무도 없다. 벽과 천정이 하얗다. 방 안에까지 눈이 내리는 것일까, 정말 너는 잃어버린 역사처럼 홀홀이 가는 것이냐. 떠나기 전에 일러둘 말이 있던 것을 편지를 써서도 네가 가는 곳을 몰라 어느 거리, 어느 마을, 어느 지붕 밑, 너는 내 마음 속에만 남아 있는 것이냐.

네 쪼그만 발자욱을 눈이 자꾸 내려 덮어 따라갈 수도 없다. 눈이 녹으면 남은 발자욱 자리마다 꽃이 피리니 꽃 사이로 발자욱을 찾아 나서면 일년 열두달 하냥 내 마음에는 눈이 내리리라.

The Snowy Map

On the morning when Suni departs,
heavy snow falls with an unspoken heart,
covering the distant map outside the window, as if in sorrow.

Looking around the room, I see no one.
The walls and ceiling are white.
Is it truly snowing inside the room?
Are you truly leaving, like a lost fragment of history, all alone?

Before you left, there were things I wanted to tell you, but even in writing a letter, I don't know where you're going—on which street, in which village, under which roof—are you only left in my heart?

Vocabulary

depart: 떠나다   ceiling: 천정

Snow keeps falling, burying your small footprints, so I cannot follow.

When the snow melts, flowers will bloom where your footprints once remained.

If I search for your footprints among the flowers, through all twelve months of the year, snow will continue to fall in my heart.

Vocabulary

bury: 묻다　melt: 녹다

눈 감고 간다

태양(太陽)을 사모하는 아이들아
별을 사랑하는 아이들아

밤이 어두웠는데
눈 감고 가거라.

가진 바 씨앗을
뿌리면서 가거라.

발뿌리에 돌이 채이거든
감았던 눈을 와짝 떠라.

Walking with Eyes Closed

Children who long for the sun,
children who love the stars,

Even in the darkness of night,
walk with your eyes closed.

As you go,
scatter the seeds you carry.

And if your feet stumble upon a stone,
Then open your closed eyes wide.

Vocabulary

scatter: 뿌리다 stumble: 발이 걸리다, 비틀거리다

무서운 시간(時間)

거 나를 부르는 것이 누구요,

가랑잎 잎파리 푸르러 나오는 그늘인데,
나 아직 여기 호흡(呼吸)이 남아 있소.

한번도 손들어 보지못한 나를
손들어 표할 하늘도 없는 나를
어디에 내 한몸 둘 하늘이 있어
나를 부르는 것이오.

일을 마치고 내 죽는 날 아침에는
서럽지도 않은 가랑잎이 떨어질텐데……

나를 부르지 마오.

The Scary Time

Who is calling me?

In the shade where dry leaves sprout,
yet I'm still here, still breathing.

I, who have never raised my hand.
I, who have no sky to signal to.
Where is the sky to embrace my lonely body?
Who is calling me?

On the morning of the day I die,
after finishing my work,
the withered leaves will fall, but without sorrow...

Do not call me.

Vocabulary

sprout: 싹이 나다   signal: 신호를 보내다
embrace: 안다 포옹하다, 아우르다   withered: 말라 죽은, 시든

흐르는 거리

으스럼히 안개가 흐른다. 거리가 흘러간다. 저 전차(電車), 자동차(自動車), 모든 바퀴가 어디로 흘리워 가는 것일까? 정박(碇泊)할 아무 항구(港口)도 없이, 가련한 많은 사람들을 싣고서, 안개속에 잠긴 거리는,

 거리 모퉁이 붉은 포스트상자를 붙잡고 섰을라면 모든 것이 흐르는 속에 어렴풋이 빛나는 가로등(街路燈), 꺼지지 않는 것은 무슨 상징(象徵)일까? 사랑하는 동무 박(朴)이여! 그리고 김(金) 이여! 자네들은 지금 어디 있는가? 끝없이 안개가 흐르는데,

`새로운 날 아침 우리 다시 정(情)답게 손목을 잡어 보세' 몇 자(字) 적어 포스트 속에 떨어뜨리고, 밤을 새워 기다리면 금휘장(金徽章)에 금(金)단추를 삐었고 거인(巨人)처럼 찬란히 나타나는 배달부(配達夫), 아침과 함께 즐거운 내임(來臨),

이 밤을 하염없이 안개가 흐른다.

The Flowing Street

Mist flows silently. The street drifts away.
That tram, that car—
Where are all these wheels rolling toward?
Without any port to anchor in, carrying many weary souls, the streets are swallowed by the fog.

When I stand by the red postbox at the street corner, everything flows by. And the faintly glowing streetlights remain.
What is the meaning of these lights that never go out? My dear friends, Park and Kim! Where are you now? The mist drifts on endlessly.

Vocabulary

mist: 안개   anchor: 닻을 내리다, 정박하다   weary: 지친, 피곤한
swallow: 삼키다

'On the morning of a new day, let us clasp each other's wrists warmly once more.'
I drop a few words into the postbox,
And if I wait all night,
the mailman, with his golden badge shining like a giant, appears, bringing joy with the morning.

Through this endless night,
the mist flows on and on.

Vocabulary

clasp: 움켜쥐다

굴뚝

산골짜기 오막살이 낮은 굴뚝엔
몽기몽기 웨인 연기 대낮에 솟나,

감자를 굽는 게지 총각애들이
깜박깜박 검으눈이 모여 앉아서
입술에 꺼멓게 숯을 바르고
옛이야기 한커리에 감자 하나씩.

산골짜기 오막살이 낮은 굴뚝엔
살랑살랑 솟아나네 감자 굽는내.

Chimney

*In the mountain valley, from the low chimney
of a tiny thatched cottage,
a faint smoke rises even in the middle of the day.*

*Perhaps they are roasting potatoes—
young lads with dark, blinking eyes,
huddled close together,
charcoal-stained lips,
sharing old tales,
one potato for every story they tell.*

*In the mountain valley, from the low chimney
of a cottage, the scent of roasting potatoes gently
rises.*

Vocabulary

thatch: 초가지붕의   cottage: 작은 집   huddle: 모이다   scent: 향기

초 한 대

초 한 대--
내 방에 품긴 향내를 맡는다.

광명의 제단이 무너지기 전
나는 깨끗한 제물을 보았다.

염소의 갈비뼈 같은 그의 몸
그의 생명인 심지(心志)
백옥같은 눈물과 피를 흘려
불살라 버린다.

그리고도 책상머리에 아롱거리며
선녀처럼 촛불은 춤을 춘다.

매를 본 꿩이 도망하듯이
암흑이 창구멍으로 도망한

나의 방에 품긴
제물의 위대한 향내를 맛보노라.

A Single Candle

A single candle—
I breathe in its fragrance that fills my room.

Before the altar of light collapses,
I saw the pure offering.

His body, like the ribs of a goat,
its very life, the wick.
Shedding tears of white jade and blood,
it burns itself away.

Yet still, above my desk,
the flickering flame dances
like a heavenly maiden.

As a pheasant flees at the sight of a hawk,
darkness escapes through the window cracks.

In my room,
I taste the great fragrance of the offering.

<u>Vocabulary</u>

fragrance: 향기 altar: 제단 collapse: 붕괴되다 wick: 심지
jade: 옥 flicker: 깜박거리다

간판(看板)없는 거리

정거장(停車場) 플랫폼에
내렸을 때 아무도 없어,

다들 손님들뿐,
손님같은 사람들뿐,

집집마다 간판(看板)이 없어
집 찾을 근심이 없어

빨갛게
파랗게
불 붙는 문자(文字)도 없이

모퉁이마다
자애(慈愛)로운 헌 와사등(瓦斯燈)에
불을 켜놓고,

손목을 잡으면
다들, 어진 사람들
다들, 어진 사람들

봄, 여름, 가을, 겨울,
순서로 돌아들고.

A Street Without Signs

When I stepped off the station platform,
no one was there,

Only travelers,
only people who seemed like guests.

Not a single house had a sign,
so there was no worry about finding my home.

No blazing red,
or flashing blue signs,
no burning letters.

Vocabulary

blazing: 타는 듯이 더운   flashing: 번쩍이는

But at every corner,
Old gas lamps were lit up gently.

If I took their hand,
they were all kind-hearted,
they were all kind-hearted.

Spring, summer, autumn, and winter,
each taking its turn in order.

달밤

흐르는 달의 흰 물결을 밀쳐
여윈 나무그림자를 밟으며
북망산(北邙山)을 향(向)한 발걸음은 무거웁고
고독(孤獨)을 반려(伴侶)한 마음은 슬프기도 하다.

누가 있어만 싶은 묘지(墓地)엔 아무도 없고,
정적(靜寂)만이 군데군데 흰 물결에 폭 젖었다.

On a Moonlit Night

*Pushing aside the white waves of
the flowing moon,
I step on the shadows of the thin trees.
My steps are heavy, heading toward
the Northern Mountain,
and my heart, accompanied by solitude,
is filled with sorrow.*

*In the cemetery, where I long for someone,
there is no one,
only silence,
which is soaked here and there
in the white waves.*

> Vocabulary
>
> moonlit: 달빛이 비치는   accompany: 동반하다   solitude: 고독
> soak: 흠뻑 적시다

돌아와 보는 밤

세상으로부터 돌아오듯이 이제 내 좁은 방에 돌아와 불을 끄옵니다. 불을 켜 두는 것은 너무나 피로롭은 일이옵니다. 그것은 낮의 연장(延長)이옵기에—

이제 창(窓)을 열어 공기(空氣)를 바꾸어 들여야 할텐데 밖을 가만히 내다보아야 방(房)안과 같이 어두워 꼭 세상같은데 비를 맞고 오던 길이 그대로 비속에 젖어 있사옵니다.

하루의 울분을 씻을 바 없어 가만히 눈을 감으면 마음 속으로 흐르는 소리, 이제, 사상(思想)이 능금처럼 저절로 익어 가옵니다.

A Night of Looking Back

Like returning from the world,
I come back to my narrow room and turn off the light. Leaving the light on is such a tiring thing—it feels like an extension of the day.

Now, I should open the window and let the air in, but as I quietly look outside, it is as dark as the inside of my room.
And the path I walked in the rain is still soaked by the downpour.

With no way to wash away the sorrows of the day, I quietly close my eyes, and in my heart, a sound flows through my mind. Now, my thoughts ripen on their own, like apples.

Vocabulary

extension: 연장 soak: 흠뻑 적시다 downpour: 폭우 ripen: 익다

오줌싸개지도

빨래줄에 걸어논
요에다 그린지도
지난밤에 내동생
오줌싸 그린지도

꿈에 가본 엄마계신
별나라 지돈가?
돈벌러간 아빠계신
만주땅 지돈가?

Pee-Stained Map

Hanging on the laundry line,
a map drawn on the blanket,
a map my little brother
wet with pee last night.

Could it be a map to the starry land
where Mother waits in dreams?
Or a map to Manchuria,
where Father works far away?

Vocabulary

wet: 적시다   pee: 오줌   starry: 별이 총총한

황혼(黃昏)

햇살은 미닫이 틈으로
길죽한 일자(一字)를 쓰고 …… 지우고 ……
까마귀떼 지붕 위로
둘, 둘, 셋, 넷, 자꾸 날아 지난다.
쑥쑥, 꿈틀꿈틀 북(北)쪽 하늘로,
내사……
북(北)쪽 하늘에 나래를 펴고 싶다.

Twilight

Through the sliding door's narrow crack,
the sunlight writes a long straight line... then erases it...

Over the rooftops,
crows fly—two, two, three, four—
again and again, they pass by.

Swiftly, writhing, they soar
toward the northern sky.

Ah, I too...
wish to spread my wings
toward the northern sky.

Vocabulary

writhing: 몸부림 치는

병   원

 살구나무 그늘로 얼굴을 가리고, 병원 뒤뜰에 누워, 젊은 여자가 흰 옷 아래로 하얀 다리를 드러내 놓고 일광욕을 한다. 한나절이 기울도록 가슴을 앓는다는 이 여자를 찾아오는 이 나비 한 마리도 없다. 슬프지도 않은 살구나무 가지에는 바람조차 없다.

 나도 모를 아픔을 오래 참다 못해 처음으로 이 곳을 찾아 왔다. 그러나 나의 늙은 의사는 젊은
 이의 병을 모른다. 나한테는 병이 없다고 한다. 이 지나친 시련, 이 지나친 피로, 나는 성내서
 는 안된다.

여자는 자리에서 일어나 옷깃을 여미고 화단에서 금잔
화 한 포기를 따 가슴에 꽂고 병실 안으로
사라진다. 나는 그 여자의 건강이… 아니 나의 건강이
속히 회복되길 바라며 그가 누웠던 자리
에 누워 본다.

The Hospital

Hiding her face in the shade of an apricot tree,
a young woman lies in the hospital's backyard,
exposing her white legs beneath her white gown,
basking in the sunlight. All afternoon, she lies
there, suffering from a pain in her chest,
yet not a single butterfly comes to visit her.
The apricot tree, untouched by sorrow,
does not even stir in the breeze.

I came here, unable to endure my unknown pain any longer.
But my old doctor doesn't understand the illness of the young.
He says I am not sick.
This relentless trial, this relentless fatigue—
I must not let it make me angry.

Vocabulary

apricot: 살구   bask: (햇볕을) 쪼이다   stir: 약간 움직이다   breeze: 산들바람
relentless: 수그러지지 않는, 지나친

The woman rises, adjusts her collar,
plucks a marigold from the garden,
and disappears into her hospital room.
Hoping for her recovery—or perhaps my own—I
lie down where she once lay.

Vocabulary

adjust: 조정하다   pluck: 뽑다

위로(慰勞)

거미란 놈이 흉한 심보로 병원(病院) 뒤뜰 난간과
꽃밭 사이 사람발이 잘 닿지 않는 곳에 그물
을 쳐 놓았다. 옥외(屋外) 요양(療養)을 받는 젊은
사나이가 누워서 치어다 보기 바르게—

 나비가 한 마리 꽃밭에 날아 들다 그물에 걸리었다.
노—란 날개를 파득거려도 파득거려도 나비
는 자꾸 감기우기만 한다. 거미가 쏜살같이 가더니
끝없는 끝없는 실을 뽑아 나비의 온몸을 감
아 버린다. 사나이는 긴 한숨을 쉬었다.

 나이보담 무수한 고생끝에 때를 잃고 병(病)을 얻은
이 사나이를 위로(慰勞)할 말이— 거미줄을
헝클어버리는 것밖에 위로(慰勞)의 말이 없었다.

Consolation

With its sinister intent,
a spider weaves its web between the hospital's
backyard railing and the flowerbed,
where human footsteps rarely reach.
A young man receiving outdoor treatment,
lies there, gazing idly at the scene.

A butterfly flies into the flowerbed and gets caught
in the web. It flutters its yellow wings desperately,
but no matter how hard it tries, it only becomes
more entangled. The spider moves swiftly, spinning
endless threads, wrapping the butterfly completely.
The young man lets out a deep sigh.

After enduring countless hardships and missing
his chance at the right time, this man has fallen ill.
The only words of consolation I can offer are to
tear apart the spider's web.

Vocabulary

consolation: 위로   sinister: 사악한   intent: 의도   weave: 짜다
flutter: 파닥이다   desperately: 필사적으로   entangle: 얽히게 하다

산울림

까치가 울어서
산울림,
아무도 못 들은
산울림.

까치가 들었다.
산울림,
저 혼자 들었다.
산울림.

Mountain Echo

A magpie calls out,
the mountain echoes.
But no one hears
the mountain echoes.

The magpie hears the mountain echoes,
but only it can hear them.
The mountain echoes.

Vocabulary

magpie: 까치

밤

외양간 당나귀
아—외마디 울음 울고

당나귀 소리에
으—아 아 애기 소스라쳐 깨고,

등잔에 불을 다오.

아버지는 당나귀에게
짚은 한 키 담아 주고,

어머니는 애기에게
젖을 한 모금 먹이고,

밤은 다시 고요히 잠드오.

Night

The donkey in the barn
lets out a loud cry—ah!

The donkey's cry startles the baby awake,

Light the lamp.

Father gives the donkey
a bundle of straw.
Mother feeds the baby
a sip of milk.

And the night quietly falls back into quiet sleep.

Vocabulary

let out: (소리 따위를)내다   startle: 깜짝 놀라게 하다   straw: 짚
sip: 한 모금

유언(遺言)

후어ㄴ한 방(房)에
유언(遺言)은 소리 없는 입놀림.

바다에 진주(眞珠)캐러 갔다는 아들
해녀(海女)와 사랑을 속삭인다는 맏아들
이 밤에사 돌아오나 내다 봐라—

평생(平生) 외롭던 아버지의 운명(殞命)
감기우는 눈에 슬픔이 어린다.
외딴 집에 개가 짖고
휘양찬 달이 문살에 흐르는 밤.

Last Will

In the warm room,
the will is a silent lip movement.

The son who went to the sea to find pearls,
The eldest who whispers love to a female diver,
Will they return tonight? Look out the window—

The fate of a father, lonely all his life,
is reflected in his eyes, filled with sadness.
A dog barks at the lonely house,
And the bright moonlight flows through the window frame on this night.

Vocabulary

will: 유언   pearl: 진주

팔복(八福)

마태복음(福音) 오장(五章) 삼(三) — 십이(十二)

슬퍼하는 자는 복이 있나니
슬퍼하는 자는 복이 있나니
슬퍼하는 자는 복이 있나니
슬퍼하는 자는 복이 있나니
슬퍼하는 자는 복이 있나니
슬퍼하는 자는 복이 있나니
슬퍼하는 자는 복이 있나니
슬퍼하는 자는 복이 있나니

저희가 영원(永遠)히 슬플 것이오.

Eight Blessings

Matthew 5:3-12

Blessed are those who mourn,
Blessed are those who mourn,
Blessed are those who mourn,
Blessed are those who mourn,
Blessed are those who mourn,
Blessed are those who mourn,
Blessed are those who mourn,
Blessed are those who mourn.

We shall mourn forever.

Vocabulary

mourn: 슬퍼하다

산골물

괴로운 사람아 괴로운 사람아
옷자락 물결 속에서도
가슴 속 깊이 돌돌 샘물이 흘러
이 밤을 더불어 말할 이 없도다.
거리의 소음과 노래 부를 수 없도다.
그신듯이 냇가에 앉았으니
사랑과 일을 거리에 맡기고

가만히 가만히
바다로 가자,
바다로 가자.

Mountain Stream

O troubled one, O troubled one,
Even in the waves of the hem of your clothes,
Deep in your heart, the spring water flows,
Yet there is no one to share this night with.
The noise of the street and the songs
cannot be sung.
Sitting quietly by the stream,
leaving love and work to the streets,

Quietly, quietly,
Let us go to the sea,
Let us go to the sea.

Vocabulary

hem: (옷 등의) 단

간(肝)

바닷가 햇빛 바른 바위 위에
습한 간(肝)을 펴서 말리우자,

코카사쓰산중(山中)에서 도망해온 토끼처럼
둘러리를 빙빙 돌며 간(肝)을 지키자,

내가 오래 기르던 여윈 독수리야!
와서 뜯어 먹어라, 사름없이
너는 살지고
나는 여위어야지, 그러나,

거북이야!
다시는 용궁(龍宮)의 유혹(誘惑)에 안떨어진다.

프로메테우스 불쌍한 프로메테우스
불 도적한 죄로 목에 맷돌을 달고
끝없이 침전(沈澱)하는 프로메테우스.

Liver

On the sun-baked rock by the seaside,
Let's spread and dry the damp liver.

Like a rabbit running from
the Caucasus mountains,
let us circle around and protect our liver.

O my long-raised, thin eagle!
Come and feast upon me without mercy.
You shall grow fat,
And I shall grow thin. But,

Turtle!
I will never again fall for the temptations of the dragon palace.

Prometheus, poor Prometheus,
For the crime of stealing fire, you carry a millstone around your neck,
sinking endlessly into the depths—Prometheus.

Vocabulary

damp: 축축한   thin:여윈   feast upon: ~을 포식하다   mercy: 자비
fall for: (유혹 따위에) 빠지다   temptation: 유혹

윤동주
시의 이해

*"Understanding
the Poems of Yun Dong-ju"*

서시 20

이 시에서 윤동주는 끝까지 순수한 마음을 지키고자 하는 다짐을 담고 있다. 화자는 하늘을 우러러 한 점 부끄러움 없이 살기를 원하며, 작은 잎새를 스치는 바람에도 마음 아파하는 섬세한 감성을 지닌다. 그는 별을 노래하는 마음으로 모든 생명을 사랑하며, 자신의 길을 묵묵히 걸어가야 한다고 다짐한다. 밤하늘의 별과 바람을 묘사하며, 자연 속에서 자신의 삶을 돌아보고 조용히 결의를 다지는 모습이 그려진다. 이는 단순한 소망이 아니라 삶에 대한 철학이자 태도이며, 끝까지 흔들림 없이 살아가겠다는 강한 의지를 보여준다.

사랑스런 추억 22

'기차'라는 소재를 통해 떠남과 기다림, 그리고 젊음의 덧없음을 표현하고 있다. 화자는 서울의 작은 정거장에서 기차를 기다리며 희망과 사랑을 떠올리지만, 기차는 아무런 특별한 소식 없이 그를 어디론가 데려가 버린다. 그가 도착한 곳은 동경의 외곽, 조용한 하숙방이다. 하지만 그는 여전히 과거의 자신이 남아 있는 옛 거리를 그리워한다. 기차는 계속 지나가지만, 이제 그것은 의미 없는 움직임처럼 느껴지고, 그는 누군가를 기다리며 정거장 언덕을 서성인다. 마지막 구절에서 '젊음이 오래 남아 있기를' 바라지만, 결국 시간은 계속 흐르고 젊음도 사라질 수밖에 없음을 암시한다. 이 시는 떠남과 그리움, 시간의 흐름 속에서 사라지는 청춘에 대한 애틋한 정서를 담고 있다.

별 헤는 밤 26
가을 하늘에 가득한 별을 헤아리며, 시인은 추억과 사랑, 쓸쓸함과 동경을 떠올린다. 소중한 이름들을 불러 보지만, 그들은 별처럼 멀리 있고, 어머니 또한 북간도에 있다. 그리움에 사무쳐 자신의 이름을 땅에 써 보고 덮어 버리지만, 겨울이 지나고 봄이 오면 그 자리에 푸른 풀이 자라날 것이라 믿는다. 슬픔 속에서도 희망을 품은 이 시는, 끝내 지지 않는 젊음과 영혼의 순수를 노래한다.

새벽이 올 때까지 34
이 시는 삶과 죽음이 결국 하나로 이어지는 순환의 과정임을 보여준다. 죽어가는 자들에게는 검은 옷을, 살아가는 자들에게는 흰 옷을 입히지만, 결국 모두 한 침실에서 잠들게 된다는 구절은 생과 사의 경계를 허물며, 모든 존재가 같은 운명을 향해 간다는 점을 암시한다. 또한, 울음에는 젖을 먹이라는 표현을 통해 인간의 슬픔과 고통이 따뜻한 위로를 필요로 한다는 것을 보여주며, 마지막 구절에서 새벽과 나팔소리는 새로운 시작과 희망을 상징한다. 죽음이 끝이 아니라 또 다른 시작임을 깨닫게 하는 시다.

자화상 36
화자는 우물을 들여다보며 달, 구름, 하늘, 바람, 가을과 함께 한 사나이를 발견한다. 처음엔 그 사나이가 미워 돌아서지만, 곧 가엾어지고, 다시 그리워하며 혼란스러운 감정에 휩싸인다. 우물은 단순한 물웅덩이가 아니라 내면을 비추는 거울이며, 그 안의 사나이는 화자 자신이다. 시는 인간이 자신의 내면을 마주할 때 느끼는 낯섦과 혼란, 그리고 끝내 받아들이게 되는 감정을 담담하게 보여준다.

쉽게 씌어진 시 40
이 시는 현실과 이상 사이에서 방황하는 한 청년의 고독과 자기 성찰을 담고 있다. 비 내리는 밤, 남의 나라처럼 느껴지는 좁은 육첩방에서 화자는 학비 봉투를 받아든 채 자신의 처지를 되돌아본다. 부모의 희생 속에 대학 강의를 들으러 가지만, 삶의 불안과 외로움은 여전히 그를 감싼다. 어린 시절 친구들은 하나둘 사라지고, 그는 자신이 무엇을 바라는지도 모른 채 홀로 침전하는 듯한 감정에 빠진다. 삶이 어렵다는데 시가 이렇게 쉽게 써진다는 사실은 오히려 부끄럽게 느껴지지만, 어둠 속에서 등불을 밝히며 다가올 아침을 기다린다. 결국, 화자는 스스로에게 손을 내밀며 처음으로 자기 자신을 위로하는데, 이는 불안한 시대 속에서도 희망을 놓지 않으려는 청춘의 고독한 몸부림이자 다짐처럼 보인다.

또 다른 고향 44

화자가 고향에 돌아왔지만, 익숙함보다 낯설고 쓸쓸한 감정을 더 크게 느끼는 모습을 그린다. 그는 마치 자신의 백골(죽은 후의 자신)이 따라온 것처럼 느끼며, 방 안에서 깊은 생각에 잠긴다. 창밖에서는 바람이 불고, 방 안은 고요한데, 그 정적 속에서 그는 슬픔을 느낀다. 그는 묻는다. 지금 흐르는 눈물은 자신의 것인지, 아니면 죽음을 상징하는 백골이 흘리는 것인지, 혹은 그저 외로운 영혼이 우는 것인지. 밤새 개가 짖고, 그 소리는 마치 자신을 쫓아오는 듯하다. 결국 그는 이곳에서 벗어나고 싶어진다. 그래서 '또 다른 고향'으로 가자고 한다. 이곳은 단순한 지리적 고향이 아니라, 진정한 평온과 안식을 찾을 수 있는 곳을 의미한다. 현실에서 도망치듯 떠나고 싶어 하는 그의 마음이 담겨 있다.

새로운 길 48
시인은 반복되는 일상 속에서도 새로움을 발견하는 기쁨을 표현한다. 같은 길을 가더라도 민들레가 피고, 까치가 날며, 바람이 불어오는 풍경 속에서 시인은 변화와 생명을 느낀다. 그래서 '나의 길은 언제나 새로운 길'이라며, 하루하루가 단순한 반복이 아니라 새로운 여정임을 강조한다. 익숙한 길 속에서도 새로운 의미를 찾는 삶의 태도가 담긴 시다.

소년 50
이 시는 가을의 쓸쓸함과 그 속에서 떠오르는 아름다운 기억을 담고 있다. 단풍잎이 떨어지는 모습을 통해 시간의 흐름과 이별을 암시하며, 그 자리에 다시 봄이 올 것이라는 희망도 놓여 있다. 하늘을 바라보며 자연과 하나 되는 듯한 순간, 손바닥에 비친 강물 속에서 시인은 순이의 얼굴을 본다. 사랑과 그리움이 담긴 이 모습은 마치 강물처럼 계속해서 흐르며 사라지지 않는다. 소년이 눈을 감아도 여전히 마음속에 남아 있는 그 얼굴은, 잊을 수 없는 순수한 감정과 추억을 상징한다.

편지 52

시인은 세상을 떠난 누나를 향한 그리움을 눈에 빗대어 표현한다. 흰 봉투에 한줌의 눈을 담아 편지를 보내려 하지만, 누나가 있는 곳에는 눈이 내리지 않는다. 말 한마디 없이 눈 자체로 마음을 전하려는 시인의 순수한 애틋함이 담겨 있다. 눈처럼 덧없는 이별이지만, 하얗게 쌓인 그리움은 쉽게 녹지 않는다.

황혼이 바다가 되어 54

검푸른 바다에 잠기는 하루, 그리고 떠도는 검은 고기떼와 낙엽이 된 해초. 시인은 창밖의 풍경을 바라보며, 고아처럼 떠도는 자신의 외로움을 느낀다. 첫 항해를 떠나는 마음으로 방바닥을 뒹구는 모습은 삶의 방향을 찾지 못한 방황을 상징한다. 바다가 황혼이 되어 저무는 순간, 수많은 배가 물결에 잠기듯, 시인은 자신의 고독이 세상의 외로움과 다르지 않음을 깨닫는다.

사랑의 전당 56

'순이'는 시인의 가슴속에 남아 있는 아름답지만 덧없는 사랑, 혹은 잃어버린 순수한 감정을 상징한다. 시인은 순이와의 사랑을 '전당(殿堂)'에 비유하며, 서로의 세계에 들어갔던 기억을 되묻는다. 그러나 그들의 사랑은 벙어리처럼 말없이 흘러갔고, 결국 이별의 순간이 다가온다. 촛불이 꺼지기 전, 순이는 앞문으로 달아나고 시인은 뒷문으로 사라진다. 한 사람은 평온한 호수를, 다른 사람은 거친 산맥을 마주하게 되듯, 사랑의 길은 끝내 다르게 갈라진다. 운명처럼 스쳐 지나간 사랑의 쓸쓸한 여운이 깊게 남는다.

길 60

시인은 무엇을 잃었는지도 모른 채 두 손을 더듬으며 길을 걷는다. 돌담은 단단히 닫혀 있고, 길은 시간 속을 끝없이 이어진다. 담 저편에는 과거의 자신이 남아 있고, 시인은 그를 찾기 위해 걷는다. 이 시에서 '잃어버린 것'은 단순한 물건이 아니라, 순수했던 시절, 꿈, 혹은 정체성일 수 있다. 시인은 그것을 찾기 위해 살아가지만, 그 길은 외롭고 끝없이 이어진다. 결국, 존재의 이유마저 '잃은 것을 찾는 것'으로 남으며, 그의 방황은 계속된다.

참회록 64
윤동주는 녹슨 거울 속의 자신을 보며, 마치 왕조의 유물처럼 오래된 부끄러움을 느낀다. 젊은 시절, 무슨 기쁨을 바라며 살아왔는지 되묻고, 과거의 고백조차 다시 참회해야 할 부끄러움으로 여긴다. 거울을 닦아도 비치는 것은 외롭고 슬픈 뒷모습뿐이다. 이 시는 자신의 삶과 행동을 끝없이 되돌아보는 시인의 깊은 성찰과, 시대적 현실 속에서 느끼는 부끄러움을 고스란히 담고 있다.

반디불 68
시인은 반복적인 외침으로 숲으로 향한다. 부서진 달조각을 줍기 위해, 반딧불이 빛나는 그믐밤의 숲으로 간다. 여기서 '달조각'은 깨진 희망이자 순수한 꿈일 수 있으며, 반딧불은 희미하지만 꺼지지 않는 빛처럼 남아 있는 희망을 상징한다. 이 시는 현실의 어둠 속에서도 작은 빛을 찾아 나서는 순수한 동경과 의지를 담고 있다.

아우의 인상화 70
시인은 달빛 아래 서 있는 동생의 모습을 '슬픈 그림'으로 그려낸다. '사람이 되겠다'는 아우의 대답은 순수하고 당연하지만, 그 속에는 깊은 의미가 담겨 있다. 단순한 성장의 의미를 넘어, 시대적 현실 속에서 참된 사람이 된다는 것이 얼마나 어려운지를 암시한다. 싸늘한 달빛이 붉은 이마에 스며드는 장면은, 희망과 동시에 시대의 슬픔과 무력감을 상징하며, 시인은 그런 아우의 모습을 다시금 바라볼 수밖에 없다.

흰 그림자 72
황혼이 드리운 길목에서 시인은 발자국 소리에 귀를 기울이며, 과거를 돌아본다. 한때는 알지 못했던 것들이 이제야 깨달아지지만, 이미 많은 시간과 기억들은 흰 그림자처럼 조용히 사라져간다. 그리워했던 것들을 하나씩 떠나보낸 뒤, 그는 텅 빈 마음으로 방으로 돌아오고, 마치 신념을 지닌 양처럼 담담히 살아가려 한다. 이 시는 지나간 시간에 대한 회한과, 그 속에서도 묵묵히 삶을 살아가려는 태도를 담고 있다.

태초의 아침 76
어느 특별하지 않은 아침, 붉은 꽃이 피어난다. 햇빛은 푸르게 빛나고, 그 전날 밤 이미 모든 것이 준비된 듯하다. 하지만 사랑과 함께 뱀이 있고, 꽃에는 독이 깃들어 있다. 이 시는 아름다움과 위험이 함께 존재한다는 것을 보여준다. 우리가 사랑하고 꿈꾸는 것들 속에도 예상치 못한 위기가 숨어 있을 수 있음을 조용히 깨닫게 한다.

바람이 불어 78
바람이 어디서 와서 어디로 가는지 모르는 것처럼, 시인은 이유 없이 괴로움을 느낀다. 사랑이나 시대의 아픔 때문이 아니라는데, 정말 아무 이유도 없는 걸까? 바람이 계속 불고 강물이 흘러도, 그는 단단한 땅 위에 서 있다. 하지만 마음속에서는 바람처럼 보이지 않는 불안이 계속 흔들리고 있다.

봄 80
긴 겨울을 견뎌낸 몸속에 봄이 흐르고, 언덕에는 꽃들이 피어난다. 겨울을 지나온 시인도 마치 풀처럼 다시 생기를 얻는다. 하늘 높이 날아오르는 종달새처럼, 젊음도 이렇게 빛나고 자유롭기를 바란다. 하지만 봄이 지나가듯, 젊음도 머무르지 않는다. 그래서 시인은 간절히 외친다. '젊음은 오래 남아 있거라.'

또 태초의 아침 82

눈이 세상을 하얗게 덮고, 전신주가 울리는 소리 속에서 신의 메시지가 들려온다. 그러나 그 뜻을 온전히 알지는 못한다. 봄이 오면 죄를 짓고, 인간은 다시 눈을 뜨게 된다. 이브가 고통 속에 아이를 낳고, 부끄러움을 가리듯, 시인도 자신의 삶에서 노동과 땀으로 죄를 감당해야 함을 깨닫는다. 인간 존재의 숙명과 원죄의 인식을 담은 고뇌가 깃든 시다.

눈 오는 지도 84

순이가 떠나고 나서 마음이 텅 빈 것 같다. 창밖엔 눈이 내리고, 방 안도 온통 하얗다. 마치 방 안까지 눈이 쌓이는 것처럼 공허하다. 떠나기 전에 꼭 전하고 싶은 말이 있었는데, 이제는 어디로 갔는지도 몰라 전할 수도 없다. 결국 순이는 멀리 떠났지만, 마음속에서는 여전히 지워지지 않는다. 이 시는 떠나간 사람을 향한 그리움과 전하지 못한 말들에 대한 아쉬움을 담고 있다.

눈 감고 간다 88

꿈과 희망을 가진 아이들에게 용기를 주는 메시지를 담고 있다. 어둠 속에서도 믿음을 가지고 앞으로 나아가라고 말한다. 씨앗을 뿌리듯 작은 희망과 노력들을 계속 이어가다 보면, 걸림돌을 만나게 될 수도 있다. 하지만 그 순간이 오면 눈을 뜨고 현실을 직시하며 더 단단해지라는 의미가 담겨 있다. 어려움 속에서도 포기하지 않고 나아가는 것이 중요하다는 깨달음을 전하는 시다.

무서운 시간 90
삶의 덧없음과 고독을 담고 있으며, 화자는 아직 살아 있지만, 마치 세상에서 소외된 존재처럼 느낀다. 손을 들어 자신의 존재를 드러낼 기회조차 없었고, 자신을 받아줄 하늘조차 없다고 말한다. 언젠가 죽음이 찾아와도 자연스럽게 가랑잎이 떨어지듯 조용히 사라질 것이니, 이제 더 이상 자신을 부르지 말라고 한다. 외로움과 체념이 담긴 이 시는, 한 인간의 삶에 대한 쓸쓸한 성찰을 보여준다.

흐르는 거리 92
안개 속에서 끝없이 흘러가는 거리와 사람들의 모습 속에서 외로움과 그리움을 담고 있다. 전차와 자동차는 목적지도 없이 달려가고, 화자는 변하지 않는 가로등 불빛에서 희미한 희망을 느낀다. 그리운 친구들에게 편지를 보내지만, 답이 올지 모른 채 밤을 지새운다. 하지만 아침이 오면 배달부가 편지를 전해주듯, 새로운 만남과 희망도 찾아올 것이라는 기대를 품는다. 흐르는 시간 속에서도 변치 않는 우정과 기다림이 시의 중심을 이루고 있다.

굴뚝 96
시인은 산골 마을의 소박하고 정겨운 풍경을 따뜻하게 그려낸다. 낮은 굴뚝에서 피어오르는 연기는 감자를 굽는 냄새를 풍기고, 총각애들은 모여 앉아 옛이야기를 나누며 감자를 나눠 먹는다. 입술에 묻은 숯자국은 천진난만함을 더하고, 감자를 굽는 냄새는 마치 삶의 작은 행복과 따스함을 상징한다. 시인은 이 평범한 일상을 통해 고향의 아늑함과 사람들 사이의 소박한 정(情)을 담아낸다.

초한대 98
촛불은 자신을 태워 빛을 내지만, 결국은 스스로를 소멸시키며 사라진다. 시인은 이를 제물에 비유하며, 깨끗한 희생이 남긴 향기로운 흔적을 바라본다. 암흑이 도망치듯 사라지고, 촛불은 마지막까지 춤을 추며 빛을 남긴다. 이는 한 인간이 자신을 희생하며 남기는 빛과 가치를 떠올리게 한다.

간판없는 거리 100
정거장에 내렸지만 반겨주는 사람도, 눈에 익은 풍경도 없다. 간판도, 광고도 사라져 길을 찾을 필요조차 없는 곳. 하지만 거리의 불빛은 조용히 타오르고, 사람들은 모두 온화하다. 봄, 여름, 가을, 겨울이 차례로 흐르듯, 이곳에서는 모든 것이 자연스럽게 흘러간다. 현실의 복잡함에서 벗어난 이상적인 세계를 꿈꾸는 듯한 분위기가 느껴진다.

달밤 104
달빛이 물결처럼 퍼지는 밤, 시인은 묘지를 향해 걸어가며 깊은 고독을 느낀다. 여윈 나무 그림자가 길에 드리우고, 발걸음은 무겁기만 하다. 묘지에 도착하지만, 그곳에는 아무도 없다. 오직 정적만이 퍼지고, 달빛조차 그 적막함을 더욱 깊게 만든다. 죽음과 고독, 그리고 덧없는 시간 속에서 느끼는 쓸쓸한 감정을 담담히 그려낸 시다.

돌아와 보는 밤 106
세상에서 벗어나듯 방으로 돌아와 불을 끄는 것은, 바깥의 소란과 단절하고 자신만의 세계로 들어가는 행위다. 창을 열어 바람을 들이려 해도, 밖은 이미 어둠과 비에 젖어 있어 세상은 여전히 차갑고 변함없다. 시인은 하루 동안 쌓인 감정을 풀 곳 없이 조용히 눈을 감고, 그제야 마음속 깊은 곳에서 무언가 흐르는 소리를 듣는다. 그것은 사유(思惟)의 과정이며, 세상 속에서 겪은 모든 감정이 시간이 지나며 자연스럽게 익어가는 순간이다. 외부 세계의 혼란 속에서도 내면을 지키려는 시인의 사색과 고독을 섬세하게 그려낸 작품이다.

오줌싸개 지도 108
어린아이가 바라보는 세상의 시선과 그 안에 담긴 그리움을 표현하고 있다. 빨래줄에 걸린 요와 그 위에 번진 얼룩은 단순한 흔적이 아니라, 아이가 꿈속에서 찾아간 어머니와 아버지를 향한 애틋한 마음의 표현이다. 아이는 오줌 싼 흔적을 보고 그것이 엄마가 있는 별나라나, 아버지가 돈을 벌러 간 만주땅을 그린 것이 아닐까 상상한다. 현실에서는 부모가 곁에 없지만, 아이의 순수한 마음속에서는 그리움이 자연스럽게 형상화된다. 이 시는 아이의 천진난만한 시선 속에 가족을 향한 애정과 외로움을 따뜻하게 담아내고 있다.

황혼 110
햇살이 미닫이 틈으로 들어와 일자를 쓰고 지우는 모습은 덧없는 시간의 흐름을 상징한다. 그 위로 까마귀들이 계속해서 북쪽 하늘을 향해 날아가고, 시인은 그 모습을 바라보며 자신도 그렇게 날아가고 싶다고 말한다. 이는 단순한 공간적 이동이 아니라, 어떤 그리운 곳이나 잃어버린 곳을 향한 간절한 마음을 표현하는 듯하다. 현실의 벽에 갇혀 있지만, 시인의 마음은 이미 북쪽 하늘을 향해 날아가고 있는 것이다.

병원 112
병원 뒤뜰에서 햇볕을 쬐는 젊은 여자는 병을 앓고 있지만, 그녀를 찾아오는 이조차 없는 외로운 존재다. 시적 화자는 자신도 알 수 없는 아픔을 품고 이곳을 찾아왔지만, 의사는 그에게 병이 없다고 말한다. 그러나 시인은 분명 무언가에 지쳐 있으며, 그것이 단순한 육체적 병이 아니라 정신적 피로와 시련임을 느낀다. 젊은 여자가 금잔화를 가슴에 꽂고 병실로 사라지는 장면은 그녀가 자신의 아픔을 안고 묵묵히 살아가려는 의지를 암시한다. 시인은 그녀가 누웠던 자리에 누워보며, 그녀의 건강뿐만 아니라 자신의 회복도 간절히 바란다. 이는 단순한 병이 아니라, 삶 속에서 지쳐버린 마음이 다시 살아나길 바라는 소망으로 읽힌다.

위로 116
거미줄에 걸려 몸부림치는 나비를 바라보는 병든 사나이의 모습은 삶의 억압과 무력감을 상징한다. 필사적으로 날갯짓하지만 점점 더 옭아매이는 나비처럼, 사나이도 무수한 고생 끝에 병을 얻고 자유를 잃었다. 그는 나비를 구할 힘이 없지만, 최소한 거미줄을 헝클어뜨리는 것으로 위로를 전하려 한다. 이는 삶의 고통과 속박 속에서도 작은 저항과 연민이 유일한 위안이 될 수 있음을 보여준다.

산울림 118
까치의 울음이 산에 퍼지지만 아무도 듣지 못하고, 오직 까치만이 그 울림을 듣는다. 이는 외로운 존재의 목소리가 세상에 전해지지 않고 스스로에게만 남는 모습을 그린다. 자신의 소리를 들어줄 이가 없다는 사실이 더욱 깊은 고독을 만들어 내며, 결국 혼자서 울고 혼자서 듣는 존재의 외로움을 상징적으로 표현하고 있다.

밤 120
어둠이 깔린 밤, 외양간의 당나귀가 울고 그 소리에 아기가 놀라 깬다. 가족은 조용히 일어나 각각의 역할을 하며 생명을 돌본다. 아버지는 당나귀에게 먹이를 주고, 어머니는 아기에게 젖을 먹인다. 그리고 다시 찾아오는 고요 속에서 밤은 잠든다. 이 시는 소박한 일상의 풍경을 담담하게 그리면서, 생명과 보살핌이 이어지는 따뜻한 정경을 그려내고 있다.

유언 122
이 시는 외로운 아버지의 마지막 순간을 담담하게 묘사한다. 방 안은 적막하고, 유언은 소리 없이 흘러간다. 바다로 나간 아들과 사랑에 빠진 맏아들은 돌아오지 않고, 아버지는 평생의 외로움을 안은 채 눈을 감는다. 밖에서는 개가 짖고, 밝은 달빛이 문살을 스치지만, 그 빛조차 쓸쓸하게 느껴지는 밤이다. 가족과 삶의 덧없음을 담아낸 이 시는 고독한 죽음의 정취를 깊이 있게 그려낸다.

팔복 124

이 시는 마태복음 5장 3절에서 12절까지의 '산상수훈' 중 일부를 반복하며, 본래 성경에서 말하는 '위로받을 것'이라는 메시지를 뒤집어 표현하고 있다. 원래 성경에서는 슬퍼하는 자가 복이 있는 이유는 위로를 받을 것이기 때문이지만, 시에서는 반복적인 구절 끝에 '저희가 영원히 슬플 것이오.'라고 결론지으며, 구원의 희망보다는 절망과 고통의 지속을 강조한다. 이는 현실 속에서 위로받지 못하는 슬픔과 신앙에 대한 회의, 혹은 인간의 고통이 끝나지 않는 아이러니를 표현한 것으로 해석될 수 있다.

산골물 126

'괴로운 사람아'라는 반복은 화자의 깊은 괴로움과 절망을 강조하며, 겉으로는 평온해 보여도 가슴속에서는 멈추지 않는 슬픔과 고뇌가 흐른다. 거리의 소음과 노래는 더 이상 위로가 되지 못하고, 화자는 모든 것을 내려놓고 조용히 냇가에 앉아 있다. 마지막에 '가만히 가만히 바다로 가자'라고 속삭이듯 말하는 부분은 현실의 무게에서 벗어나고 싶은 강한 열망을 보여준다. 바다는 종종 포용과 안식을 의미하므로, 화자는 이 거친 세상을 떠나 더 큰 자유와 평온을 찾고자 하는 듯하다.

간 128

신화적 상징을 통해 인간의 고통과 희생, 그리고 속박에서 벗어나려는 의지를 표현한다. 바닷가 바위 위에서 간을 말리겠다는 것은 과거의 상처와 고통을 씻어내고자 하는 몸부림이다. 토끼와 거북이 이야기를 떠올리는 부분은 속임수와 유혹을 경계하는 태도를 의미한다. 또한 프로메테우스의 등장은 인간이 지식을 얻고 자유를 추구하는 과정에서 겪는 희생과 형벌을 상징한다. 독수리에게 자신의 간을 내어주는 모습은 자기 희생을 통한 해방의 의지를 나타낸다고 볼 수 있다.

에필로그

어느 주말 오후, 세상에서 가장 소중한 나의 천사가 거실에서 씩씩하게 무언가를 큰 소리로 말하고 있었다.

"별 하나에 추억과, 별 하나에 사랑과..."

학교 국어 과제로 윤동주 시인의 〈별 헤는 밤〉을 암송하고 있었다. 그 모습이 어찌나 사랑스럽고 감동적이던지... 나는 순간 초인적인 힘을 얻은 듯한 느낌을 받았다. 그때, 윤동주의 시를 영어로 옮기는 일은 내가 반드시 해야 할 일이라는 일종의 사명감 같은 것을 느꼈다.

윤동주의 언어를 영어로 옮기는 일은 결코 쉬운 일이 아니었다. 때로는 한 문장에 막혀 며칠 밤을 뜬눈으로 보내기도 했다. (사실, 영어적인 고민이 생기면 잠을 잘 자지 못한다. 다행히도 이건 나에게 좋은 직업병이라 여겨지고 있다.)

윤동주의 시를 소중한 사람들과 더 많은 이들에게 전하고 싶다는 마음으로 끝까지 작업을 마쳤다. 아마 이 책은 내가 지금까지 낸 책 중 가장 어려운 작업이었지만, 그만큼 가장 깊이 마음에 남을 작품이 될 것이라 생각한다.

  소설이든 영화든, 시든 모든 장르에서 번역가의 과도한 개입은 작품을 훼손할 수 있다고 늘 생각한다. 가능한 한 본래 한국어 시의 느낌을 최대한 살리며 영어로 표현하려 애썼다. 세상에 완벽한 번역은 없다고 생각한다. 혹시 번역 중 실수한 부분이나 더 나은 표현이 있다면 주저하지 말고 알려주시길 부탁드린다. 그 피드백을 바탕으로 더욱 완성도 높은 작품으로 다듬어 나가겠다고 약속드린다.

  윤동주 시인이 나에게 그랬듯, 그의 시가 누군가에게 삶을 살아갈 용기를 주는 작은 계기가 되었으면 한다. 그리고 서문에서도 언급했듯, 이 책을 만나고 아직 하늘의 별을 보지 못한 분이 계시다면, 오늘 밤에도 '별은 바람에 스치우니' 꼭 나가서 보시라고 전하고 싶다.

옮긴이 현장원 드림

jeffstudylove@gmail.com

여러분의 삶이 언제나
행복으로 가득하길 기원드립니다.

옮긴이 드림